さきたま文庫

清泰寺《せいたいじ》

［改訂版］

文・写真●青木義脩

●赤山陣屋・赤山街道　赤山陣屋は川口市赤山にあった関東郡代（代官頭）伊奈忠治（いなただはる）以下一〇代一七四年(異説あり)にわたって使われた。伊奈氏は当初は采地七千石を領し、直轄領(天領）約三〇万石を支配した。この赤山陣屋に向かう街道を赤山街道（赤山道）と称している。見沼を堰止めた八丁堤の上を通る道筋で、北西に進み浦和区針ヶ谷で中山道に出る。

見沼のほとり

清泰寺は、さいたま市緑区東浦和五丁目にある古寺である。以前は、旧尾間木村さらには旧浦和市大字大牧字和田といった。JR武蔵野線東浦和駅から歩いて七分ほどの距離にある。土地区画整理が行われて旧道はわかりにくいが、清泰寺の参道に面している道路が赤山街道で赤山陣屋から与野方面に向かう江戸時代の主要な脇往還であった。

　さて、この地域は台地と低地からなる。台地は大宮台地と呼ばれる関東ローム層（赤土）からなり、沖積低地が取巻

見沼低地から大牧付近の台地を遠望する

大牧（東浦和５丁目）付近の尾赤山街道

く。寺の東側に見沼低地が開かれており、そこは、かつて奥東京湾の海水が入ったこともある地で、以後自然の淡水湖（沼）として溜め池などに使われており、寛永六年（一六二九）に一二平方キロメートルにも及ぶ広大な見沼溜井にされ、その百年後に干拓して見沼新田となり、その用水に見沼代用水が引かれた。

　清泰寺は幾星霜にもわたりこの見沼の変貌を見つめてきたのである。

●大宮台地　大宮台地は、武蔵野台地、相模野台地、下総台地とともに関東平野を作る洪積台地である。さいたま市のうち高台はみなこれにあたる。かつては、大宮主台、浦和支台、鳩ケ谷支台などと呼ばれてきた。そのうち浦和支台と呼ばれてきたところは、手のひらを広げたような起伏に富む地形で、谷と高台が繰り返されている。清泰寺はその南東角に位置する。

大間木宮前（東浦和５丁目）出土の台付き甕形土器　古墳時代前期　さいたま市立浦和博物館蔵

参道入口　門柱と馬頭観音群・六地蔵

●**清泰寺過去帳旧記**　清泰寺の歴史を知る貴重な記録で、延享三年（一七四六）、慈慶代に記され、その後も書き継がれている。特に見性院の記事は多い。

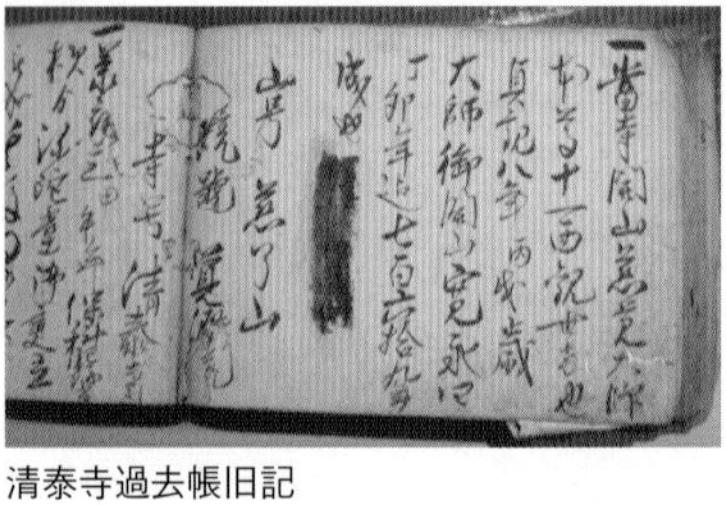

清泰寺過去帳旧記

●**入唐八僧**　平安時代の初めに唐に留学し我が国に密教経典をもたらし天台、真言の密教をひろめた高僧。最澄、空海、円行、常暁、円仁、慧運、円珍、宗叡の八人。

開山慈覚大師

清泰寺は、山号を慈了山といい、院号を覚源院という。『清泰寺過去帳旧記』（以下『過去帳旧記』という。）には、

一、当寺開山慈覚大師、本尊十一面観世音也、貞観八年丙戌歳、大師御開山、寛永四丁卯迄七百六拾九年成也

とある。また、『新編武蔵風土記稿』（以下『新記』という。）には、

天台宗、中尾村吉祥寺末、慈了山覚源院と号す（中略）、当寺の草創は慈覚大師にして、同大師を開祖となす（中略）、本尊は十一面観音の立像にして、長さ三尺許、慈覚大師の作なりといへり

とある。ほど近い吉祥寺（さいたま市緑区中尾）とともに慈覚大師円仁の開山とされ、本尊の十一面観音も慈覚大師の作としている。慈覚大師（七九四～八六四）は、下野国（栃木県）の人、延暦寺第三代座主で、入唐八家の一人、天台密教の基礎を築いた著名な天台高僧であり、関東は出身地であるだけに、各地に慈覚大師開山と伝える寺がある。

本堂

本尊十一面観音

慈覚大師作と伝えられる本尊十一面観音立像は、秘仏となっており、常の拝観は許されない。『新記』では、この本尊を「長三尺計」としているので、現在の本尊の像高一一九・八センチ（約四尺）とやや異にするが、仏像の法量は、白毫までの高さまでとするのが通例で『新記』記載の法量と合致しているといえる。

さて、尊像は、寄木造り彫眼で室町時代前期に東国の仏師によって刻まれたと考えられる宋風の彫刻で、前かがみの膝や重厚な衲衣はその特徴である。後補のところもあるが、この地を代表する中世仏像彫刻の優品といえる。

●**秘仏**　通例拝観が許されない仏像で、この十一面観音は、一二年に一度の午歳開帳の時直接拝観ができる。

●**法量**　寸法のことであるが、仏像など美術品ではよく使われる。

本尊木造十一面観音立像
文化財説明板より

本尊木造十一面観音立像　室町時代前期

見性院の采地大牧村

●**采地**　江戸時代には、通例旗本の領地を呼ぶ。広くは領地。

甲斐の武将武田信玄の息女である見《けん》性《しょう》院《いん》はこの清泰寺に眠っている。このことを初めて聞いた人は誰しも武田信玄とこの地のかかわりをいぶかるであろう。偶然であり当然のことなのである。見性院は女性であるが、通例の旗本と思えばよい。一代に限り大牧村の領主であったのである。大牧村は、今の東浦和のうちとそのまま残っているところがあり東浦和でも旧字大北といわれたところなどがそれで、地理、土地名では少し難解である。大牧村のうちでも大北の部分は別な旗本領であったのでそれ以外の部分が見性院領であったとみられる。もう一つこの地に大間木村が入り組んでいて発音上もおおまき、おおまぎと混乱することがある。大牧村は、『新記』に「御入国の後は御料所とあるので初めは幕府直轄領で同書にあるように「大牧村の内にて三百石の領地を賜れり」とあるのが正確といえよう。有泉勝長木牌には、徳川秀忠が、穴山梅雪に後継がいないのを気の毒に思いのその夫人（未亡人）の見性院が大牧邑（村）一千石を賜ったとあり、また『徳川実記』には「太間木村にて厨料五百石」とある。

有泉勝長木牌

穴山梅雪夫人見性院

見性院が大牧村の領主になるまでの人生はあまりよく知られていない。父を武田信玄に持つ以上、武田家滅亡に伴うその人生は想像を絶するものであったに違いない。兄弟姉妹に義信、勝頼（母は諏訪御料人）、北条氏政夫人、木曽義昌夫人、

絹本着色穴山梅雪画像（静岡市清水区霊泉寺所蔵　静岡市提供）

●本能寺の変　天正一〇年（一五八二）六月二日、京都本能寺に、明智光秀が主君織田信長を襲い、信長は炎の中で自刃した。同時に信長嫡子信忠も京都二条御所に攻められ自殺した。

上杉景勝夫人、織田信忠許婚がいた。見性院は、信玄の姉の子にあたる穴山信君（梅雪斎、通例穴山梅雪、ここでは梅雪を用いる）の妻になった。穴山氏は、武田から出た甲斐の武将、穴山に根拠があり、天正三年（一五七五）武田の属城駿河江尻城主（静岡県）になった。信玄の死で大きく変わった。

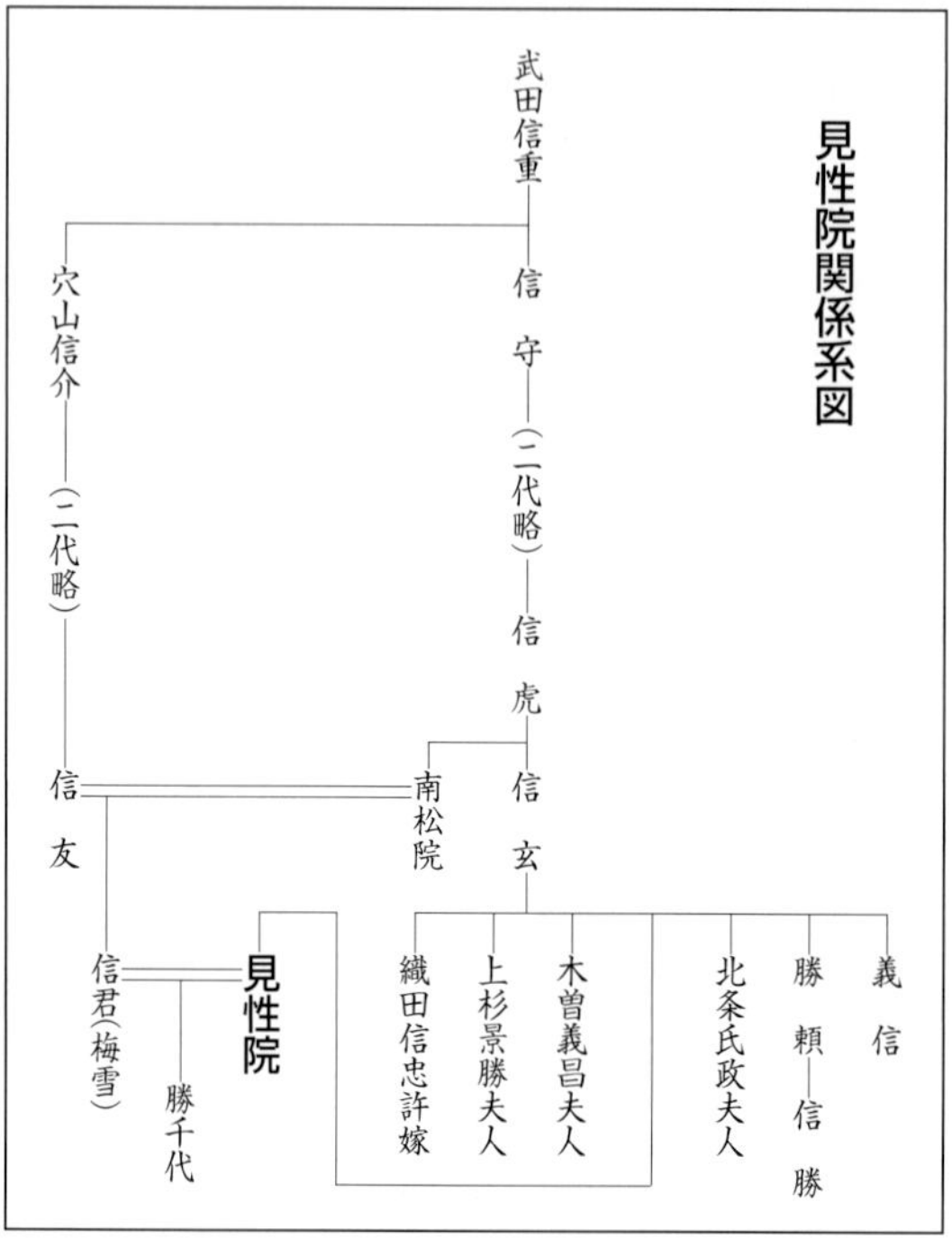

天正一〇年、武田家当主勝頼に離反し、徳川家康に付いた梅雪は、織田信長による武田氏滅亡ののち、家康と信長に拝謁に安土城に行き、その足で泉州堺（大阪府）に遊ぶが、ここで本能寺の変に遭遇、家康とは別に帰国するが、ともに一揆の攻撃に遭い、山城宇治田原（京都府）で殺害された。四二歳であった。その際家康はかろうじて三河に戻れた。梅雪は、駿河の霊泉寺（静岡市）に葬られた。見性院は、梅雪との間に一子勝千代を設けたが、六歳で病死し穴山氏は絶えた。見性院はあくまで武田家再興を願っていた。その後、家康の計らいで家康の五男萬千代丸（生母秋山虎康の女、のち信吉）を養子として貰い受け、武田姓で小金領三万石から佐倉城主になり四万石を領し、さらに水戸に移り一五万石を領した。しかし，慶長八年（一六〇三）、またしても病で死去し、見性院の夢はことごとく絶えた。

幸松丸誕生と見性院

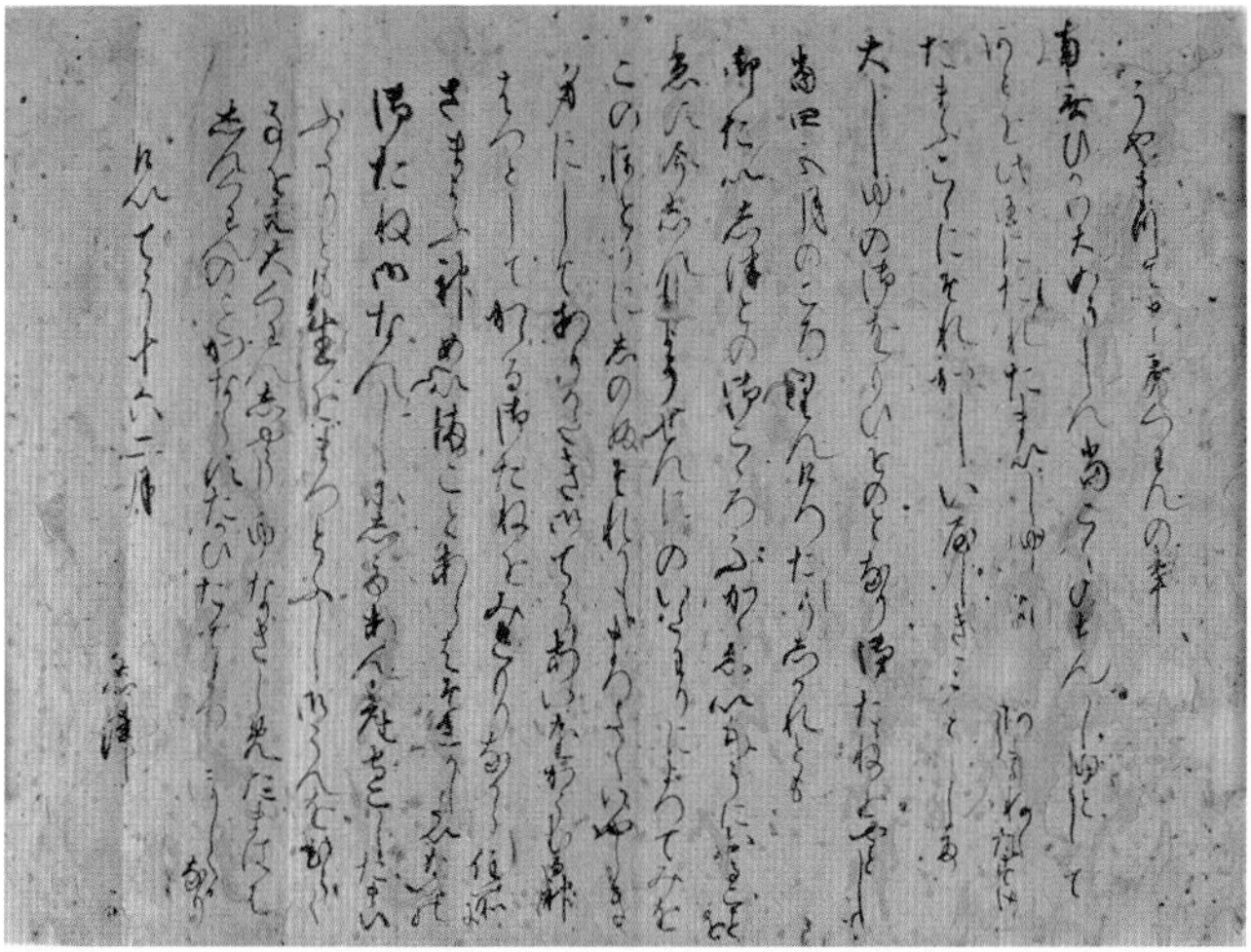

神尾志津祈願状（岩井隆興氏所蔵　さいたま市立博物館寄託）

■お静懐妊

………大しゆの御をもひものとなり御たねをやとして、当四、五月のころりんけつ（臨月）たり、しかれとも御たい（台）しつと（嫉妬）の御こころふかくゐいちう（営中）におることとゑす、今、しんしょうせんに（信松禅尼）のいたはりよつて、み（身）をこのほとりにしのぶ、それかし、まつたくいやしき身にしてありがたき御てうあい（寵愛）をかうむる、神はつ（罰）としてかかる御たねをみこもりなから住所にさまよふ………

たいないの御たね御なんし（男子）にしてあん産こ（護）したまひ、ふたりとも生をまつとふし御うんをひらく事をえ（得）………

慶長一六年（一六一一）二月、お静（志津とも・神尾姓）は、さいたま市大宮区

●**信松禅尼**　信松院・武田信玄の息女で、見性院とは姉妹になる。織田信忠（本能寺の変で自殺）の許婚。武田家滅亡後仏門に入り、現・八王子市に信松院を建立。元和二年没、信松陰に眠る。

高鼻の武蔵一宮氷川神社に安産の祈願をした。その祈願文は神主家であった岩井家に残っている。太守とは徳川二代将軍秀忠のことで、その胤を宿したお静は、正室於江與の方の嫉妬を受けたばかりでなく身の危険も感じていた。お静をいたわった信松院の助けもあり、武蔵野のうちいずれかに身を置いていた。そして五月七日男子誕生となった。この子こそがのちの会津松平家の祖保科正之である。

清泰寺本堂に掲げられているお静（左）と見性院の肖像（中野蒼穹筆）

江戸城田安門より門内を望む　国（文部科学省所管）

●**土井利勝**　幼少期から徳川家康、秀忠に仕え、慶長七年（一六〇二）、一万石を与えられ、同一〇年、秀忠の家老になった。のち、佐倉（千葉県）で三万石を領し、老中となり、さらに古河で一六万石を支配し、大老にまで登った。

●**本多正信**　徳川氏の家臣で、天正一八年（一五九〇）家康の関東入国に際し一万石を領し、関ヶ原の役・大坂の陣の功で二万二千石となり、家康、秀忠二代に仕えた。

●**於江與**　浅井長政とお市（織田信長の妹）の間に生まれた女性で、淀君の妹にあたる。徳川秀忠夫人。崇源院。鎌倉建長寺仏殿（重要文化財）は、もと、東京・芝の増上寺にあった崇源院の霊牌所を移築したもの。

■幸松丸養育がかり見性院

見性院は、幸松丸の養育を土井利勝と本多正信から依頼され、これを引き受けることとした。幸松丸が数え三歳の時である。そのころ見性院は、江戸城田安門内の比丘尼屋敷におり、幸松丸はここで育てられることになった。しかし、秀忠夫人於江與の方は、これを非難した。

見性院は、先に土井らに言われたように、わが子として育て、預かっているのではないと主張しこれを切り抜けたという。

この養育にあたって見性院は、穴山梅雪旧臣、有泉勝重の孫金弥（のちの勝長）を相手役にした。金弥はその時七歳であった。なお、父重治は、家令として見性院に仕えていた。

■幸松丸高遠へ

比丘尼屋敷ですくすくと育った幸松丸に見性院は、立派な武将にという夢を託していたであろう。その望みがかなえられる日が巡ってきた。元和二年（一六一七）、幸松丸七歳のとき、徳川秀忠の命により、信濃国伊那郡高遠（長野県伊那市）の城主保科肥後守正光の養子となることになったのである、保科家も武田家とは縁が深く、正光も時折り見性

保科正之(右)、お静の方(左)と地蔵尊（伊那市立高遠町歴史博物館庭　伊那市観光協会制作）

●御堂垣外（みどうがいと）
高遠道（甲州道中金沢宿で分かれ、伊那道伊那宿へ向かう街道の最初の宿。金沢宿から三里九丁。この後、栗田、四日市場の各宿を経て高遠の城下に入る。

院を訪ねていたという。

同年一一月八日、幸松丸は、県性院と別れ、正光、お静の方、そして有泉金弥らは、冬の甲州路を進み、金沢宿で甲州道中と分かれ金沢峠を越え御堂垣外（長野県）の本陣に入ったのは、一三日の夕方であった。そこで、保科家に左源太という養子がいることを知り、幸松丸はだだをこねたという。翌一四日、一行は高遠城に入城した。なお、正光は二万五千石を領していたが、幸松丸養育に付き五千石の加増となった。

高遠城　伊那市高遠

高遠城　本丸跡

●**新座市平林寺にある見性院の墓**　見性院の墓は、新座市の古刹平林寺にもある。宝篋印塔（ほうきょういんとう）の形からすれば、没後、間もなくの建立であろう。なお、その当時、平林寺は、現在のさいたま市岩槻区平林寺にあった。

見性院没する

元和八年（一六二二）五月九日、見性院は、江戸城田安門内の比丘尼屋敷において八〇歳に近い高齢をもって病没した。なきがらは、采地であった大牧村の清泰寺に葬られ、墓標として一本のケヤキが植えられた。くだんの有泉重治がこの葬送を営んだ。このことに感激した正光は、重治に一五日の俸を与えたという。

もう一つの見性院墓　新座市平林寺

有泉家宝篋印塔　和田共有墓地

そして有泉家は、勝長の弟五兵衛が大牧村に住み、見性院の墓所に奉仕し、以後、これを守っていった。今も有泉一族は、大牧（現東浦和）に住んでいる。

武田勝頼戦死で、ばらばらになった武田家の細い糸を着実に撚り合わせ、太い絆を作った女性、それが見性院であるといえよう。信玄、梅雪、家康、秀忠、家光、於江與、正光、正之というように見性院を説明するには、あまりにも多くの人物名を出さなければならない。春日局もかかわったであろう。

見性院位牌

幸松丸、保科家を継ぐ

幸松丸が父秀忠と対面したのは、見性院が没して久しい寛永六年（一六二九）のことであり、幸松丸が一九歳とときであった。このことが済むと養父正光は、没した。寛永八年一〇月のことである。幸松丸は、二一歳になっており、保科家を継ぎ、保科肥後守正之と名乗り、高遠三万石の城主となった。異母とはいえ、征夷大将軍徳川家光の弟としては、あまりにも小さな大名であった。そして、父秀忠は翌九年に没し、同一二年には母お静の方も高遠の地で没した。

しかし、その翌一三年、家光は、正之（侍

養父保科正光墓　伊那市高遠町建福寺

保科正光らの墓碑　中央／保科正直、奥／同正光、手前／武田勝頼母（諏訪御料人）　伊那市建福寺

従）を最上（山形）二〇万石の大名に転封した。家光の弟としての立場が認められ、ようやく日の目を見ることになったのである。正之二六歳の時である。

　寛永二〇年七月、正之は、会津二三万石の大守になった。併せて南会津郡の幕府領五万石余を預かった。幕政において、

山形城二の丸東大手門　（一般社団法人山形市観光協会提供）

兄家光を補佐することになり、会津藩は御三家に次ぐ親藩の座を固めた。承応二年（一六五三）には、左中将、正四位下に昇進した。以後会津中将と称された。

　なお、保科正之は、徳川一族であることにより、松平姓を進められたが、保科家の養子になった者だということで、生

若松城（鶴ヶ城）天守閣　（一般社団法人会津若松観光ビューロー提供）

●**社倉制**　飢饉や災害などに備えるため領民が主体となって備蓄し、万一の時に貸し出す制度。中国で古く始まったものであるが、わが国では保科正之が始めたのが最初とされている。民営で藩は事務を行う形。のち郷倉につながっていく。

涯保科で通した。しかし、会津松平家の祖であることには変わりがない。一方で、保科家に伝わる古文書や重宝については、保科の正系ではないからの理由で養父正光の弟正貞から始まる上総飯野の保科家に譲った。

家光時代には、兄家光を補佐し、家光死後、家光の遺言により正之は、四代家綱の後見役としてその任にあたったことはよく知られている。藩政においても江戸にいながら家老以下を指揮し、のちにつながる家訓とその実践に力を注いだ。社倉制の導入や産業奨励など民生、経済の発展に力を入れた。

保科正之像　（福島県猪苗代町土津神社所蔵　画像・会津若松市所蔵）

将軍家綱補佐としての保科正之

家綱が徳川四代将軍になったのは、慶安四年（一六五一）で、その時家綱は一一歳（数え年）であった。正之は、家光の遺言により幕閣の重鎮として家綱を補佐し幕政を主導した。このときは、家光遺老とされる酒井忠勝や松平信綱、阿部忠秋らがおり、彼らと協議する形での幕府運営がなされた。こうしたなか、由井（比）正雪らの乱とされる慶安の変などののち浪人を出さないための末期養子の承認、殉死の禁止、度量衡制度の統一などが進められ、安定した幕府運営が進められた。

徳川幕府にとって、家康（のちに家光も含め）のその霊廟がある日光山（栃木県）に参詣（日光社参）するのは重要な行事であった。慶安元年（一六四八）四月の家光社参では、保科正之は酒井忠清とともに先固めを務めている。その時、将軍は、川口の錫杖寺で昼食し、大門を経て岩槻城泊であった。翌年、家綱は独自に日光社参を行った。その際は、千住経由で岩槻城泊であった。将軍家綱としての日光社参は、寛文三年（一六六三）で、保科正之は松平忠次とともに家綱に拝謁し見送り、江戸城山吹の間で留守居を務めた。家綱は川口昼食で岩槻城泊であった。帰館後は正之らには熨斗《のし》と勝栗を直接手渡したという（徳川実記）。

大牧村にほど近い宮本（さいたま市緑区）の氷川女體神社社殿は、寛文七年に家綱が建立した。この社殿は埼玉県指定文化財として現存しており、当時の姿が保たれている。棟札に「征夷大将軍源朝臣家綱公御再興」とある。

保科正之没、松平姓・葵紋

『過去帳旧記』に、

一、承応三甲午年、保科肥後守様より弥陀堂建立成され、その後、御見分として、石山次平衛指し遣わされ候（読み下し文に改めた）。

見性院霊廟本尊　銅造阿弥陀如来坐像

とある。この弥陀堂（＝阿弥陀堂）は、見性院霊廟のことである。参道を進むと右手に墓地があるが、その入り口に霊廟があったという。この霊廟の本尊であった銅造阿弥陀如来坐像は、見性院の面影を映したものと言われ、三〇センチ程の像高で品のある像容をしている。

寛文一一年（一六七一）五月九日、見性院の五十回忌が清泰寺で営まれた。そして保科家からは田地がお茶湯料として寄進された。保科家は清泰寺に絶えず使者を送り続けている。幕末まで変わることはなかった。

保科正之は、寛文一二年（一六七二）一二月一八日、六二歳をもって世を去った。正之より二代後、保科正容のとき、松平の姓と三ツ葉葵の紋所が許された。元禄九年（一六九六）一二月一八日、大道寺孫

位牌形木札
松平称号と御紋改め

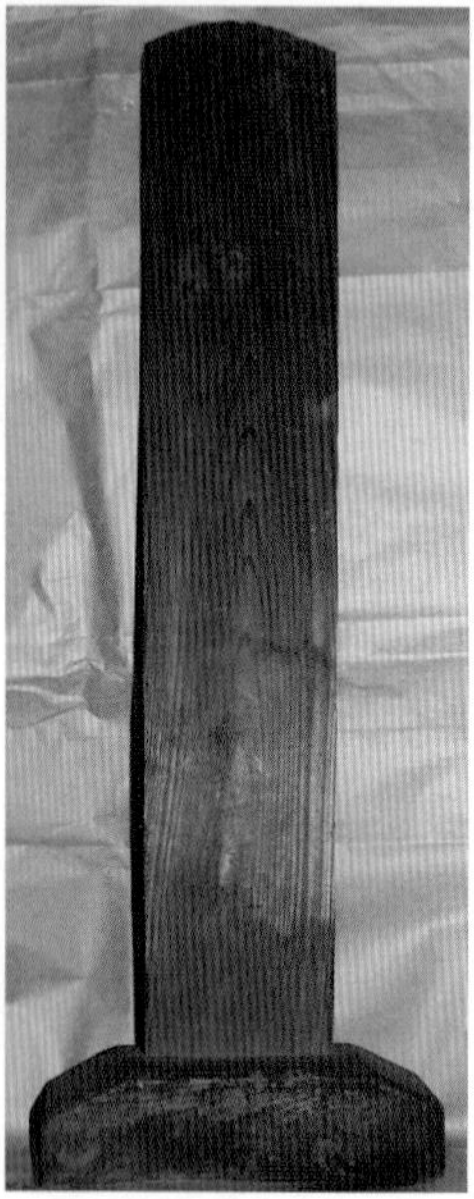

九郎は会津松平家から使者にたち、見性院にも松平の称号と、葵の紋所が許された旨を清泰寺に伝え、お祝いとして、樽代として金子五百疋を下した。清泰寺は江戸に上り、会津屋敷に出向き、藩主にお礼を言上した。このことは『過去帳旧記』に詳しい。なお、この時のことを記した位牌形の木札が寺に伝わっている。それには、

松平御称号並御紋改事

とあり、旧紋所である並九曜の紋が描かれている。

これによって、見性院霊廟の紋扉には三つ葉葵の紋所が付けられた。なお、これに先立って同年六月、大道寺孫九郎は霊廟膳具を寄進している。

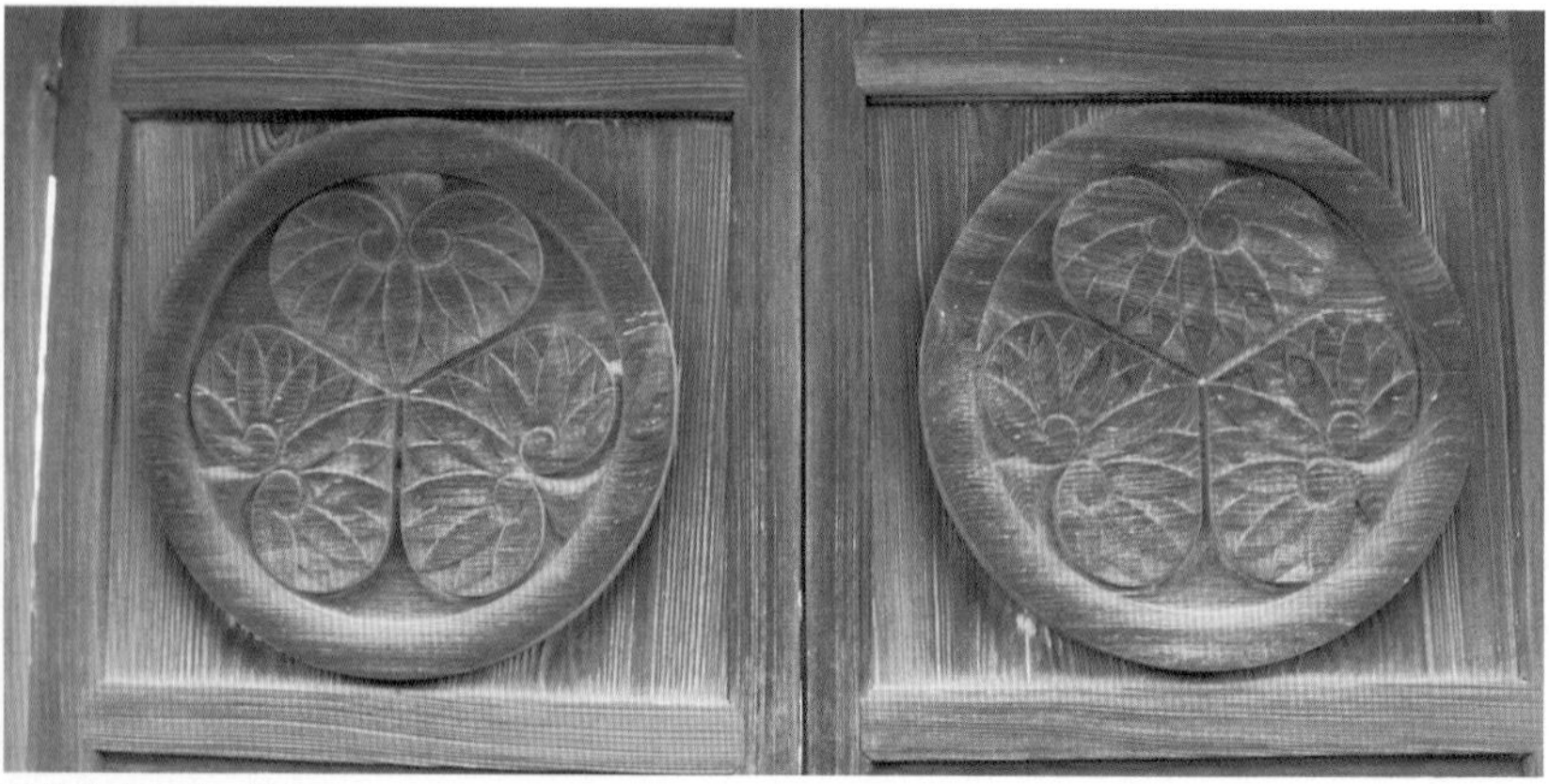

見性院霊廟扉　葵紋

●**三具足**　仏前に供える、香炉（中央）、花瓶（けびょう左）、燭台（右）からなる。

會津松平家の見性院供養と墓域整備

享保六年（一七二一）には、見性院百回忌が営まれ、明和八年（一七七一）には、百五十回忌が清泰寺で営まれた。松平家からは使者が来た。五月九日の命日には、松平家で法事が行われ、安楽寺（南区大谷口）が務めた。こうしたたびごとに什物が修復されたり新調されたりした。なお、現在清泰寺にある三具足は、寛政元年（一七八九）に松平容頌が寄進したものである。真鍮製で唐獅子や揚羽の蝶の飾りが付く優雅な什物である。

見性院三具足

文化五年（一八〇八）八月、会津藩によって見性院の墓域に墓誌銘を刻んだ石碑が建てられた。墓誌銘は、次の通り。

見性院殿武田氏甲斐機山公信玄之女穴山梅雪之夫人穴山氏嗣絶　台廟以足立郡大牧邑為湯沐邑元和八年五月九日終于東都葬邑之清泰寺會津土津公幼承撫育之恩追慕不已寛文十一年買田若干付清泰寺使歳時作仏事而薦冥福也

　文化五年戊辰八月

文政四年（一八二一）、松平容衆は、見性院二百回忌にあたり、霊廟を再建した。しかし、この霊廟は間もなく倒壊し、その門扉のみ墓前に移され、現存している。墓標として植えられたケヤキも、安政四年（一八五七）の暴風雨で倒れてしまった。

松平容保は、安政五年に立派な墓石を建立した。総高二・七五メートルにもなる石塔で、屋根付き方柱の石塔である。

正面に、

見性院殿之墓

と大書してあり、向かって左側面に、

元和八年葬　見性院殿于此也植欅樹一株以為墓標繚以木柵安政四年丁巳五月暴風抜樹今茲戊午三月更立石以表其墓

とある。

見性院墓石

見性院墓碑

見性院墓（墓域）

近代以降の見性院供養・顕彰

昭和五年（一九三〇）三月、見性院の墓は埼玉県指定史跡（現・旧跡）となり保存金が交付された。同九年、旧会津藩出身の飯沼一省《いいぬまかずみ》が埼玉県知事になり、墓域が整備され、一〇年五月には法要が執り行われ、子爵松平保男はじめ多くの会津藩関係者が参列した。一一年には稲村《いなむら》坦元《たんげん》撰になる見性院殿追憶之碑（篆額飯沼一省、書服部誠一）が参道入口（当時）近くに建てられた。同時に尾間木史蹟保存会が設立されて村議会と図り、墓域の修理を行った。

昭和三六年には、三百四十回忌が執り行われ、秩父宮勢津子妃が参列した。妃

追憶之碑上部　飯沼一省篆額

見性院追憶之碑

●**稲村坦元**（一八九三〜一九八八）　福井県生まれ、東京府史蹟保存調査会嘱託を経て埼玉県史編纂主事となり浦和に移住、埼玉郷土会をつくる。埼玉県郷土文化会会長。埼玉県文化財保護審議会委員を務めた。旧東京府・埼玉県の郷土史の泰斗。

●**飯沼一省**　旧会津藩士家の出、昭和九年七月から同一〇年五月年まで埼玉県知事。石碑には内閣調査局調査官、正五位勲四等とある。

●**秩父宮妃**（一九〇九〜一九九五）　秩父宮雍仁親王の妃。祖父は松平容保、父は恒雄（外交官）。勢津子。昭和三六年（一九六一）、清泰寺に先立ち、野田の鷺山を視察。

は会津松平家の出である。同四六年には、三百五十回忌が盛大に催され、当主松平保定や同勇雄が参列した。

平成一八年五月一四日に行われた見性院三百八十五回忌には、当主松平保久氏が参列され会津からも多数の関係者が出席された。

本堂に掲げられている 340・350 回忌記念写真

385 回忌　平成 18 年　正面中央は松平保久現当主

中世石造品

『武蔵史料銘記集』（稲村坦元著）に掲載されている宝篋印塔の台石が屋内で保存されている。調査時は外にあったか、

中世の石造品　右から、宝篋印塔台石・五輪塔笠石（火輪）・宝篋印塔相輪

宝篋印塔台石拓影（正面）

文明　丙
八年　申
権大僧都
尊西逆修
八月　五日

銘文は風化してほとんど読めないが、同史料をもとに記す。

権少僧都
尊西逆修
文明八年丙申
八月十五日
西大徳　西阿
道禅門　浄弥尼

清泰寺では年代のわかる最古の史料になる。文明八年は西暦一四七六年であり、本尊の木造十一面観音立像が一五世紀の作であり、そのころのこの寺の高僧に係る墓塔の部分であろう。安山岩製、高さ一四・〇センチ、幅一七・二センチ。

他に、宝篋印塔の相輪部と五輪塔の火輪（屋根部）など中世の石造品である。

本堂内陣来迎壁（旧本堂）

本堂内陣来迎壁蟇股

本堂内陣来迎壁台輪斗栱

平成二九年の本堂改築にあたり、内陣の来迎壁周辺は旧本堂の材を生かした。来迎柱、蟇股、斗組など旧本堂の材を使っており、木鼻や斗組の肘木の絵様繰型を見ると江戸時代中期までは遡れるようである。近世社寺建築の意匠を知る上でも貴重な遺構といえる。円柱、頭貫、木鼻、三斗組、中備蟇股からなる。極彩色である。

大般若波羅蜜多経六〇〇巻

清泰寺には、鉄眼版（黄檗版）大般若経六百巻が完存している。五〇巻ずつ経箱に収まり計一二箱になる。第六百巻の識語、跋文により、寛政元年（一七八九）二月二十七日に、大間木村（緑区東浦和）の篠原清次郎によって清泰寺什物として寄進されたもので、その後、七点の虫喰や散帙があり、義照代の嘉永六年（一八五三）九月にこれを全うしたことが分かる。したがって現在は完存である。

かつてはこの経櫃を担いで地域内を回った。五月から六月（正式には六月一日行事）にかけての行事であった。

〈第六百巻識語・跋文〉

巻頭「武州足立郡大牧邑清泰寺什物
　施主　大間木邑　篠原清次郎」

巻末「寛政元己酉二月二十七日　大牧邑清泰寺現住　義珍代　什物」

「右大般若経全部六百巻之内七巻不足虫喰散帙大破及依之再修覆畢
旹嘉永六癸丑年九月吉辰　清泰寺　現住　義照代」

●**鉄眼版大般若経**　京都黄檗山万福寺の鉄眼によって寛文九年（一六六九）から開版された大蔵経七三三四巻のうち。板木は今も残り重要文化財。各地の寺に現存、転読会などで使用している大般若経は、大方これである。

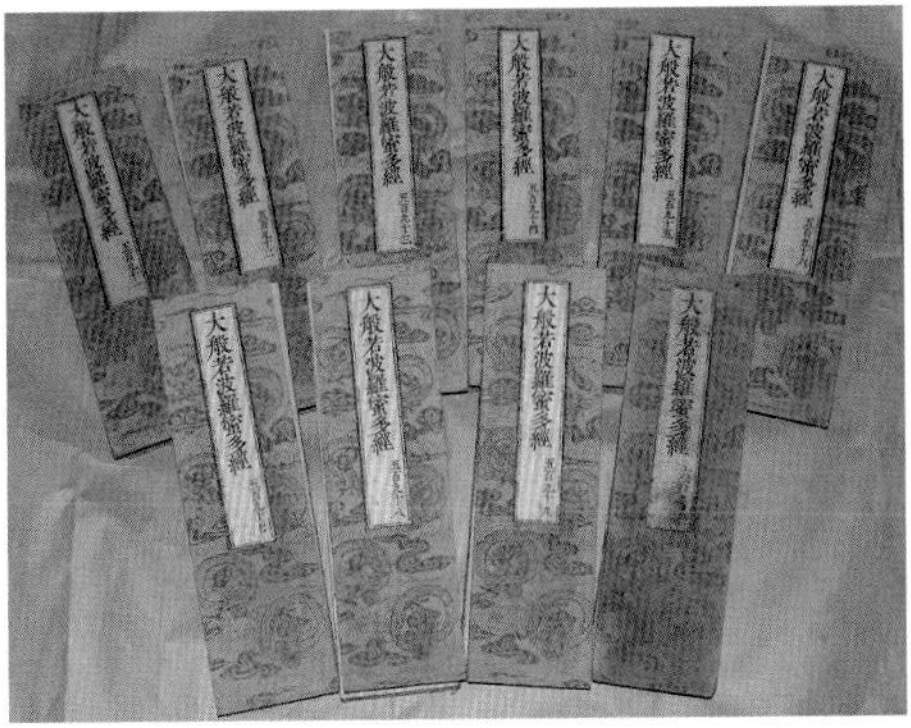

大般若経第 591 ～ 600 巻

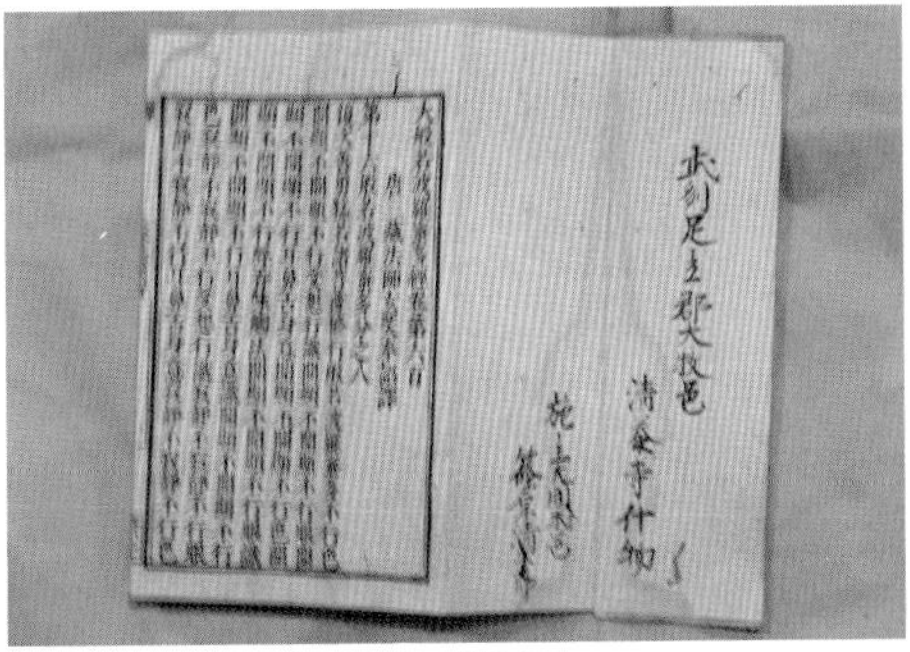

大般若経第 600 巻見開き　識語

古文書

清泰寺過去帳旧記は、古くから知られており、清泰寺の歴史を知るうえで欠かせないものである。また、天保一二年（一八四一）一一月の什物帳は当時の清泰寺の所蔵仏像・仏具や調度品を端的に知る大切な備品目録である。最近確認されたもので会津藩役所からの書状が八通ほど現存しており、藩邸と清泰寺の往来がよくわかる。すべて折紙で、有泉五兵衛らが発した書判付きの書状である。

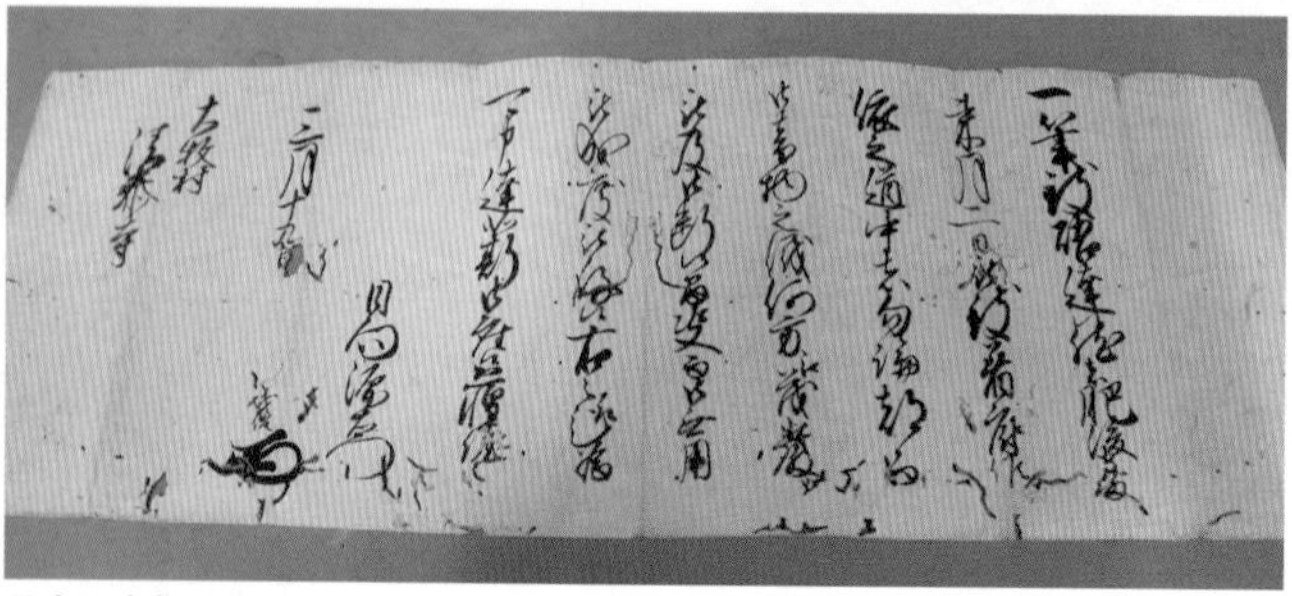
日向源右衛門書状

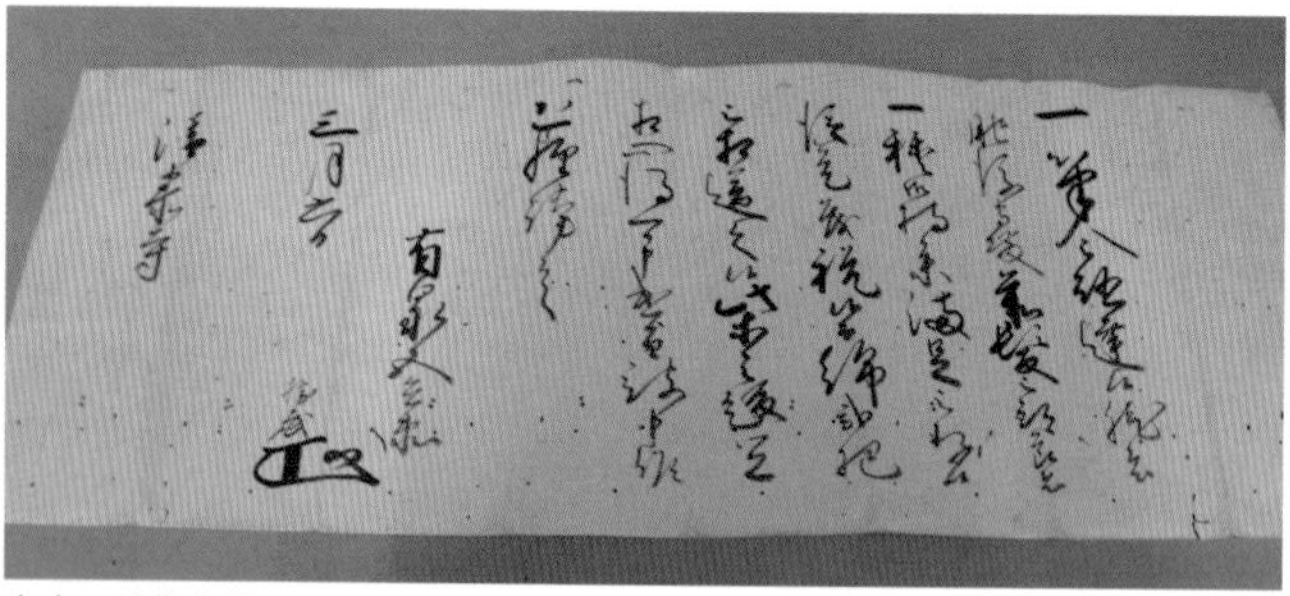
有泉五兵衛書状

三百庚申

清泰寺の境内の隅を見るとまるで垣根のように同じ高さの石の庚申塔が並んでいる。その数三四九基と親になる塔がそれぞれ一基、合計三五一基となる。これほどまでまとまっている例は他にない。

造立は、天明三年（一七八三）と万延元年（一八六〇）で、前者が五〇基、後者が三〇〇基（どちらかが親になる一基も含む）。ともに同じ将棋の駒形で、安山岩製の高さ五四センチほどである。庚申塔と大きく彫り地名と人名を刻む。その範囲は県南部から東京都と千葉県に及ぶ。親の塔は、一つが、天明三年二月の凝灰岩製で、青面金剛像を刻み「奉待庚申五拾ケ度供養塔」とある。もう一つは、緑泥石片岩で、「三百庚申塔」とあり、背面に万延元年七月の刻銘がある。前者は施主が嶋根氏、後者は願主が利根川氏となっている。

各塔

一列に並んだ庚申塔

足立坂東観音霊場と足立百不動尊

鎌倉時代に、坂東三十三ケ所の札所が設けられたが、これを移したものが、足立坂東三十三ケ所観音霊場である。宝永二年（一七〇五）に創設されたものである。その霊場は、さいたま市、川口市、戸田市、蕨市、東京都の一部などに及んでいる。清泰寺はその六番にあたる。ご詠歌は、

照る月にさゝなみきよくたいらかに
　うろくつまても浮ぶみつうみ

※照る月にさざ波清く平らかに
　うろ屑までも浮かぶ湖

である。なお、安政五年（一八五八）に建てられた供養塔には、「善き道の知るへともなれ手引きいし二世あむ楽のふた所なりせば」の御詠歌がきざまれている。

足立百不動は、安政六年に再興されているが、その範囲は、さいたま市、川口市、戸田市、蕨市、東京都に及ぶ。清泰寺は、第十九番にあたる。巡礼歌は、

和田のあかあけくれくみてしつかみも
　清く泰けくあふけこの寺

である。

足立坂東観音霊場御詠歌

●足立百不動　安政六年に再興された。さいたま市南区太田窪の行弘寺に供養塔があり、一番から百番までの寺名が刻まれている。一番が玉林院（緑区中尾—廃寺）、百番が行弘寺。

足立百不動　木造不動明王坐像

寺子屋と大牧啓発学校

江戸時代後期に清泰寺住職の胤體（文政七年―一八二四寂）が、寺子屋を開いていた。その墓石には、「筆子中」と大きく彫り込まれており、教え子たちが資金を出して師匠の墓石を建てたことが知られる。

『武蔵国郡村誌』の大牧村の項に、公立小学校として、「村の南方清泰寺を借用す　生徒男百一人女五十二人」とある。

明治六年（一八七三）、大牧学校が清泰寺に開かれたのである。同一五年、大間木に移り、大間木学校となり、同一九年啓発尋常小学校となり、同四二年中尾学校と合併し尾間木小学校となった。現在の大牧小学校は昭和五七年に同校の分校として開かれた学校で、大牧の名が戻った。境内には、「大牧・啓発学校之碑」が建っている。

胤體墓

大牧啓発学校石碑

文化財と年中行事

本尊木造十一面観音立像

見性院墓石

■指定文化財

〈県指定〉

●旧跡　見性院の墓　昭和三六年九月一日指定

以前は県指定史跡（昭和五年三月三一日指定）見性院は、穴山梅雪夫人、保科正之養育

〈市指定〉

●有形文化財（彫刻）

木造十一面観音立像　一躯　昭和三六年三月三一日指定　寄木造、彫眼、高さ一二二センチ、室町時代前期

●有形文化財（工芸品）

半鐘　一口　昭和六二年三月三一日指定　宝永七年（一七一〇）八月　粉河市正作、高さ六四・五センチ

見性院霊廟三具足の花瓶把手（揚羽蝶）

庚申塔　昭和 33 年 3 月 31 日

半鐘　宝永七年（1710）　粉河市正作

●有形文化財（工芸品）
見性院霊廟三具足　一式　平成元年三月二七日指定
寛政元年（一七八九）二月、松平容頌寄進、香炉、花瓶、燭台からなる真鍮製

●有形文化財（歴史資料）
有泉勝長木牌　昭和五一年三月三〇日指定
高さ八四・六センチ　元禄一六年（一七〇三）

●有形文化財（有形民俗文化財）
清泰寺の庚申塔　三五一基　昭和三三年三月三一日
天明三年（一七八三）と万延元年（一八六〇）

〈未指定文化財〉

●有形文化財（彫刻）
銅造阿弥陀如来坐像　一躯　見性院霊廟本尊

●有形文化財（工芸品）
見性院膳具　二組

親庚申塔　万延元年（1860）

親庚申塔　天明三年（1783）

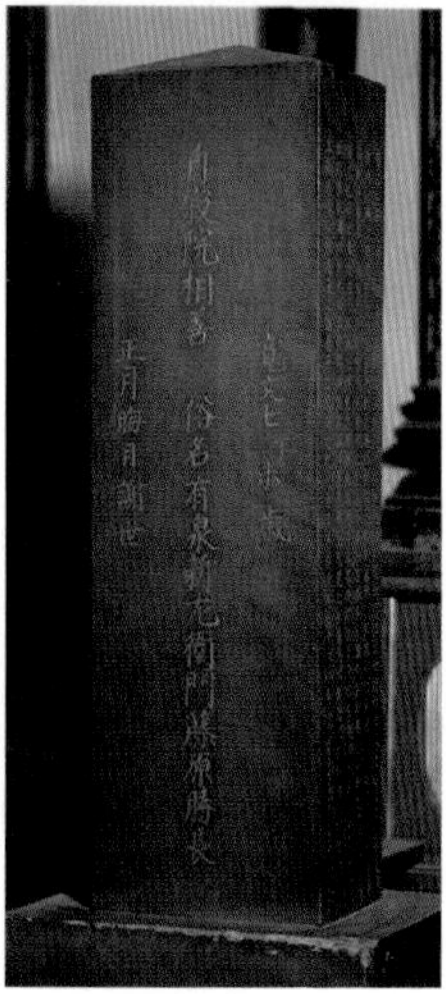
有泉勝長木牌

●有形文化財（典籍）
鉄眼版大般若波羅蜜多経　六〇〇巻
寛政元年寄進、嘉永六年追補
●有形文化財（古文書）
清泰寺文書　会津松平家家中書状八通、清泰寺過去帳旧記書上、什物帳二冊

■年中行事

元日　修正会
一月二八日　初不動尊護摩会(休止中)
三月　春彼岸会
五月九日　見性院忌
（母の日に法要を営む）
六月四日　山家会（伝教大師忌）
八月一三〜一五日　盂蘭盆会
八月一七日　施餓鬼会
九月　秋彼岸会
一一月二四日　霜月会
一二月一五日　十夜念仏会
一二月三一日　除夜の鐘

見性院霊廟膳具

見性院霊廟本尊　銅造阿弥陀如来坐像

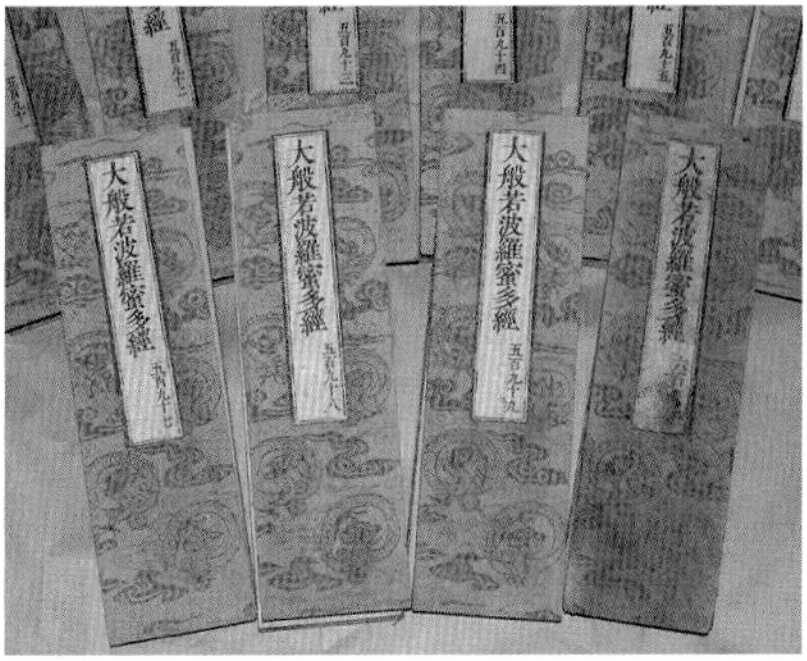

大般若経

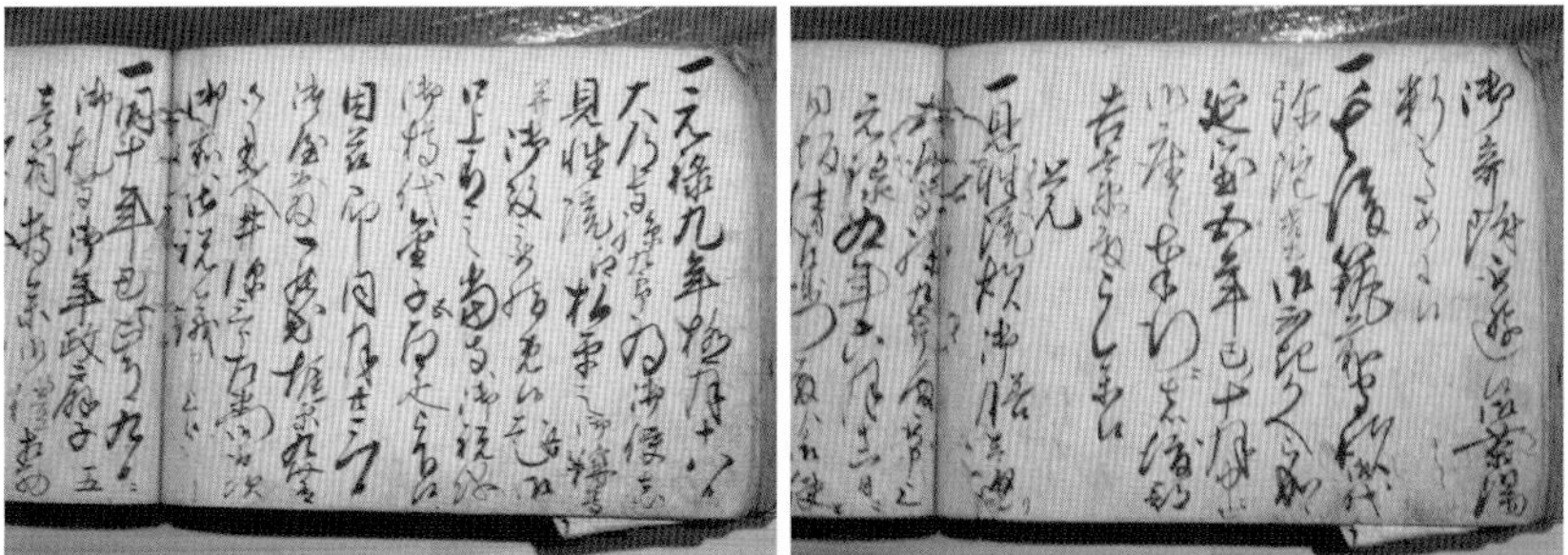

左右ともに『清泰寺過去帳旧記』

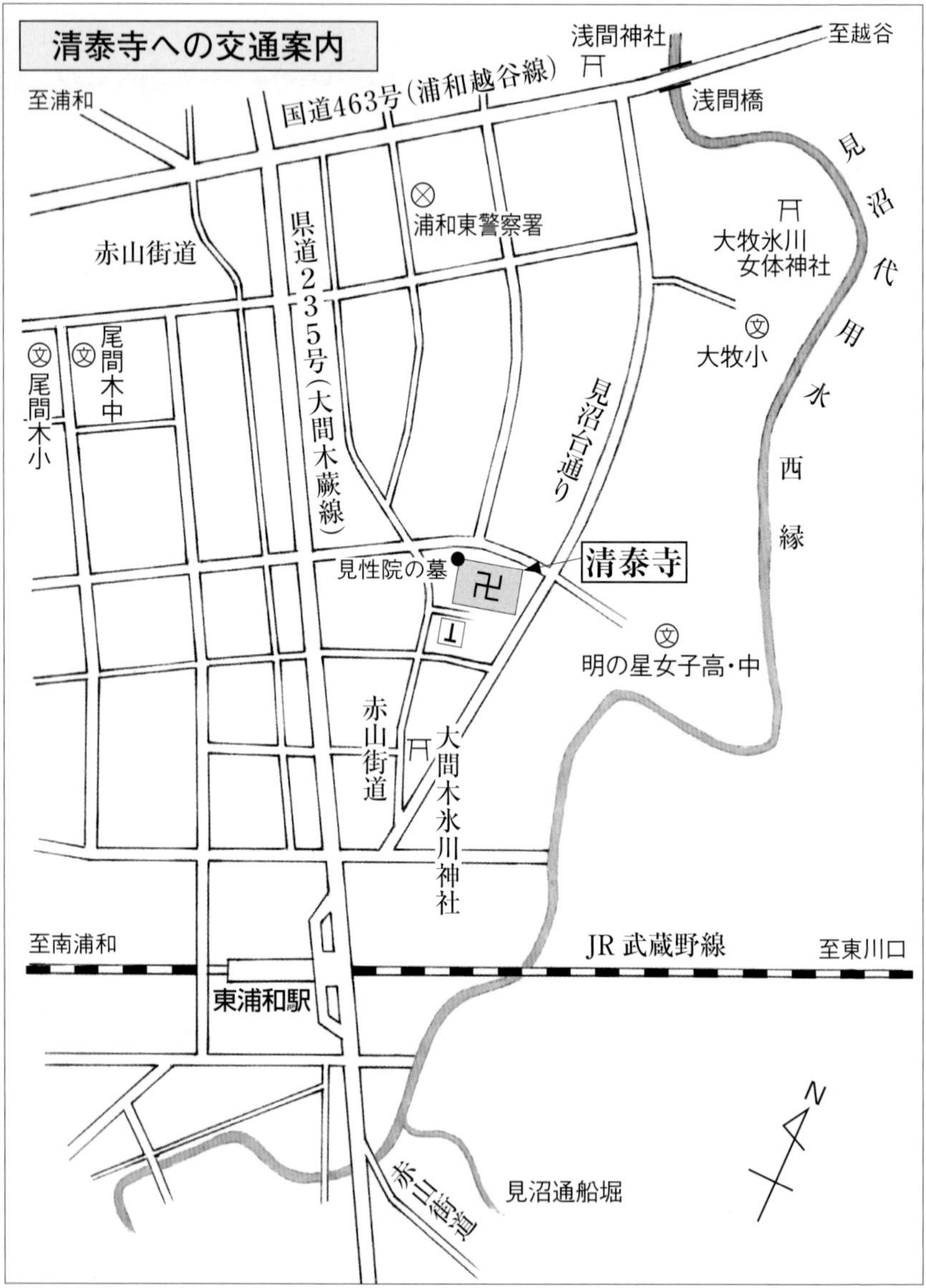

清泰寺への交通案内
至浦和
国道463号(浦和越谷線)
浅間神社
至越谷
浅間橋
見沼代用水西縁
浦和東警察署
大牧氷川女体神社
赤山街道
県道235号(大間木蕨線)
大牧小
尾間木中
尾間木小
見沼台通り
清泰寺
見性院の墓
明の星女子高・中
赤山街道
大間木氷川神社
至南浦和
JR 武蔵野線
至東川口
東浦和駅
赤山街道
見沼通船堀
N